Wir haben einen Freund, der ist Fußballspieler

Eine Geschichte von Andreas Hoffmann
mit Bildern von Jan Birck

CARLSEN

Meine Schwester Lisa und ich haben einen Freund, der ist Fußballspieler. Er heißt Olli und ist Profi bei unserer Lieblingsmannschaft. Olli wohnt gleich nebenan und hat uns beide eingeladen, ihn einmal ins Stadion zu begleiten. Gerade wird ein Spiel seines Teams übertragen. Olli ist heute wieder super: Zwei Tore hat er schon geschossen. Doch erst in einer Woche wird es wirklich spannend – dann geht es um den Aufstieg!
Unsere Mutter versteht nicht ganz, wie wir uns so für Fußball begeistern können. »Es ist toll, Mama!«, sage ich. »Du musst einfach mal mitkommen.« »Na gut, wenn ihr meint«, sagt meine Mutter schließlich.

Olli war schon als kleiner Junge begeistert vom Fußballspielen. Zuerst kickten er und seine Freunde nur im Hinterhof. Etwas später traten sie zusammen in einen kleinen Fußballverein ein. Schon in der Schülermannschaft war Olli ein toller Fußballer. In der A-Jugend war Olli ein erfolgreicher Mittelstürmer. Da wurde unsere Lieblingsmannschaft auf ihn aufmerksam und nahm ihn unter Vertrag. Bis dahin hatte Olli als Automechaniker gearbeitet; jetzt konnte er sein Geld mit Fußball spielen verdienen.

Auch wenn Olli kein Spiel bestreitet, hat er viel zu tun. Mit seinen Kameraden studiert er Videoaufzeichnungen vom nächsten Gegner. Täglich wird trainiert, denn ein guter Fußballer muss immer in Topform sein. Nach dem Training lässt sich Olli massieren, damit seine Muskeln schön locker bleiben. Und manchmal muss er auch zum Mannschaftsarzt: Leider kommt es hin und wieder zu kleinen Verletzungen. Dank der fachkundigen Behandlung sind sie meist schnell vergessen.

Einmal die Woche, meistens am Samstag, geht es zum Spiel. Wenn es auswärts stattfindet, fahren Olli und seine Kameraden mit dem Mannschaftsbus zum gegnerischen Stadion. Auf dem Weg dorthin geht es natürlich nur um eines: Wie stark ist der Gegner? Welche Taktik wird er anwenden? Und wie können wir ihn besiegen?
Da Ollis Mannschaft in der Zweiten Bundesliga spielt, für die sich viele Menschen interessieren, muss er häufig Interviews geben. Und weil Olli so gut spielt, hat er viele Fans. Sie bitten ihn oft um Autogramme.

Endlich ist es so weit: Wir fahren zum Aufstiegsspiel! Im Bus ist tolle Stimmung. Die Fans beider Teams freuen sich auf ein spannendes Duell. Wer Anhänger welcher Mannschaft ist, kann man an der Kleidung erkennen: Die Fans tragen Mützen, Schals und Pullover in den Farben ihrer Elf. Um ihre Mannschaft ordentlich anzufeuern, haben einige von ihnen Tröten und Trommeln dabei.

Das Aufstiegsspiel unseres Teams ist ein Heimspiel. Daher dauert die Fahrt nicht sehr lange.
Das Stadion ist voller Menschen. Weil das Spiel so wichtig ist, wird es auch vom Fernsehen übertragen.

Kaum haben wir unsere Plätze eingenommen, geht es schon los: Die Mannschaften laufen ein. Sie folgen dem Schiedsrichter, der den Ball unter dem Arm trägt, und den Linienrichtern mit ihren Fahnen. Jede Mannschaft bildet eine Reihe, die vom Spielführer und dem Torwart angeführt wird. Olli winkt uns zu. Die Trainer, Betreuer und Auswechselspieler gehen zu ihren Bänken am Spielfeldrand. Am Mittelkreis stellen sich die beiden Mannschaften und die Schiedsrichter in einer Reihe auf. Sie begrüßen das Publikum. Tosender Jubel bricht los!

Nachdem die Spielrichtung ausgelost wurde, stellen sich die Mannschaften zum Anstoß auf. Der Gegner wird ihn ausführen. Alle Spieler stehen in ihrer Spielhälfte und von Ollis Team darf keiner den Mittelkreis betreten. Zwei gegnerische Spieler stehen mit dem Ball am Anstoßpunkt. Der Schiedsrichter pfeift das Spiel an. Der anstoßende Spieler schiebt den Ball nach vorne über die Mittellinie. Sein Teamkamerad nimmt ihn an und passt ihn nach hinten.

Die Partie läuft und die Fans jubeln. Lisa und ich erklären unserer Mutter, um was es beim Fußball geht: Jede Mannschaft versucht, den Ball möglichst oft in das Tor des Gegners zu bringen. Gleichzeitig muss jedes Team mit fairen Mitteln verhindern, dass dies dem Gegner gelingt. Dabei darf der Ball mit dem ganzen Körper, nicht aber mit den Armen oder Händen gespielt werden. Nur der Torwart darf den Ball mit den Händen berühren – allerdings nur in seinem Strafraum.

Dann bekommt Olli kurz vor dem Strafraum den Ball. Er dribbelt ihn um einen Verteidiger herum und passt ihn auf einen Kameraden. Dieser läuft im selben Moment bis kurz vor das Tor, nimmt den Ball in der Luft an und knallt ihn unhaltbar ins Netz. Der Torwart fliegt durch die Luft, greift aber ins Leere. Es steht 1:0 für unsere Mannschaft! Die Teamkameraden spurten auf den Torschützen zu und umarmen ihn. Ein paar gegnerische Spieler fassen sich ungläubig an den Kopf. Wir springen von unseren Sitzen und jubeln. Selbst unsere Mutter lässt sich langsam von unserer Begeisterung anstecken.

Unsere Mutter fragt, wie das Spiel denn nun weitergeht. Nach jedem Torerfolg wird das Spiel mit einem Anstoß wieder aufgenommen, erklärt Lisa ihr. Er wird von der Mannschaft ausgeführt, die den Treffer kassiert hat. Und zwar in genau der gleichen Weise wie zu Spielbeginn. Nachdem der Schiedsrichter das Zeichen dazu gegeben hat, sind also die Gegner an der Reihe. Das Spiel läuft weiter.

Jetzt macht die gegnerische Mannschaft Druck. Sie kommt unserem Tor gefährlich nahe. In der 34. Minute passiert es dann: Ein gegnerischer Stürmer schießt auf unseren Kasten. Einer unserer Verteidiger lenkt den Ball im Strafraum mit der Hand am Tor vorbei. „Nein!", rufen Lisa und ich. Der Schiedsrichter hat das Handspiel gesehen und entscheidet sofort auf Strafstoß. Ich erkläre unserer Mutter, dass ein Foulspiel außerhalb des Strafraums mit Freistoß geahndet wird. Innerhalb des Strafraums zieht es allerdings einen Strafstoß – einen so genannten Elfmeter – nach sich. Olli, der das Ganze von weiter hinten verfolgt hat, rauft sich verzweifelt die Haare: Das hätte doch nicht sein müssen!

Alles Jammern nützt nichts: Der Schiri hat auf Elfmeter entschieden. An seinen Entscheidungen ist nicht zu rütteln. Der Schütze legt sich den Ball auf dem Elfmeterpunkt zurecht. Alle anderen Spieler außer unserem Torwart müssen den Strafraum verlassen.

Das ganze Stadion hält den Atem an, als der gegnerische Spieler anläuft und den Ball auf das Tor knallt. Unser Torhüter hat keine Chance ... der Ball zischt unhaltbar an ihm vorbei! Es steht 1:1 – unentschieden. Während die gegnerischen Spieler, ihr Trainer und ihre Fans vor Freude aus dem Häuschen sind, ziehen unsere Mannschaft und wir lange Gesichter. Der Aufstieg ist in Gefahr! Auch unsere Mutter macht sich Sorgen.

Nach 45 Minuten ist die erste Halbzeit zu Ende. Der Schiedsrichter pfeift zweimal und die Spieler verschwinden in ihren Kabinen. Normalerweise dauert ein Spiel zwei mal 45 Minuten. In der Kabine wischen sich alle den Schweiß ab und trinken Wasser – Fußball spielen ist sehr anstrengend! Einige lassen sich die Waden massieren, damit

sie keine Krämpfe bekommen. Der Trainer steht vorne an einer Tafel und redet eindringlich auf seine Spieler ein. Er gibt jedem einzelnen taktische Anweisungen. Noch ist der Aufstieg zu schaffen!
Die Pause ist nach 15 Minuten vorbei. Die Spieler kehren auf den Platz zurück. Die Hälften und Spielrichtungen werden gewechselt. Das Match wird mit einem Anstoß fortgesetzt. Den führt jetzt die Mannschaft aus, die ihn zu Spielbeginn nicht hatte – also Ollis Team.

In der 75. Minute begeht einer unserer Männer ein grobes Foul: Sein Gegner segelt meterweit durch die Luft und der Schiedsrichter entscheidet sofort auf Platzverweis. Er zeigt dem Spieler die rote Karte, der daraufhin empört den Platz verlässt. Lisa und ich sind erschüttert: Musste das wirklich sein?

Ich erkläre unserer Mutter, dass der Schiri den Spieler zunächst nur mit der gelben Karte hätte verwarnen können. Au Backe, jetzt wird's brenzlig: Es steht immer noch unentschieden, doch unsere Elf besteht jetzt nur noch aus 10 Mann! Nach dem Platzverweis wird das Spiel vom Gegner mit einem Freistoß fortgesetzt.

Kurz vor Ende schießen die Gegner den Ball über ihre eigene Torlinie – Eckball für uns. Einer unserer Spieler flankt den Ball auf Olli herein, der vor dem Tor steht.

Olli und sein Gegenspieler springen in die Höhe. Olli ist eine Idee schneller, erwischt das Leder mit der Stirn und köpft es in den Kasten. Super, das ist der Sieg!

Kurz nach dem Siegtreffer pfeift der Schiedsrichter dreimal: Die Partie ist beendet. Endstand 2:1 für unsere Mannschaft! Unsere Spieler laufen um Olli zusammen und gratulieren ihm. Der Trainer und der Vereinspräsident sind ebenfalls nicht mehr zu halten. Sie rennen auf das Spielfeld, um ihre Spieler und vor allem Olli hochleben zu lassen. Auch wir sind mächtig stolz auf unseren Freund.

Dann tauschen einige Spieler die Trikots mit dem Gegner. Nachdem sich alle beim Publikum bedankt haben, geht es zum Duschen und Umkleiden in die Kabine. Auf dem Weg dorthin unterhalten sich die Spieler über das Match.
Während die Gegner betrübt verschwinden, sind Olli und seine Kameraden außer sich vor Freude: Das harte Training und die vielen anstrengenden Spiele haben sich endlich gelohnt! Sie sind Meister geworden und spielen in der nächsten Saison in der Ersten Bundesliga. Wenn das kein Grund zum Feiern ist! Das wird eine lange Nacht! We are the champions! Ole, ole, ole, ole! Wir sind die Champions ...

Olli hat sich geduscht und umgezogen. Jetzt ist es Zeit, auf Wiedersehen zu sagen. »Olli, du warst wirklich super! Herzlichen Glückwunsch zur Meisterschaft!«
Unsere Mutter versteht jetzt, dass Fußball die schönste Nebensache der Welt ist. Vor lauter Begeisterung hat sie sich gleich eine Mütze und einen Schal in den Vereinsfarben gekauft. Und wenn wir groß sind, wollen Lisa und ich auch Fußballer werden.